三遠南信地域連携ブックレット
1

小さな自治を育てる

岩崎正弥・黍嶋久好

［目　次］

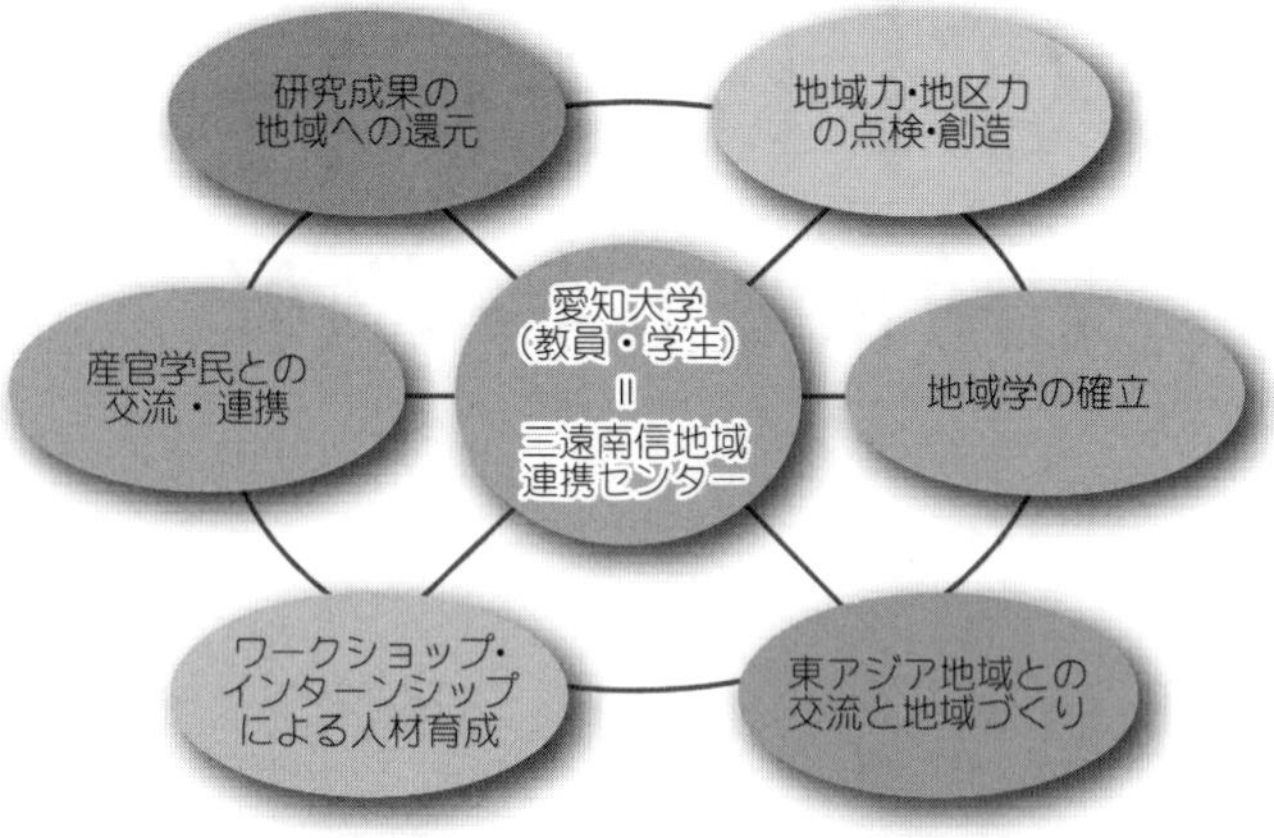

三遠南信地域連携センターの活動イメージ

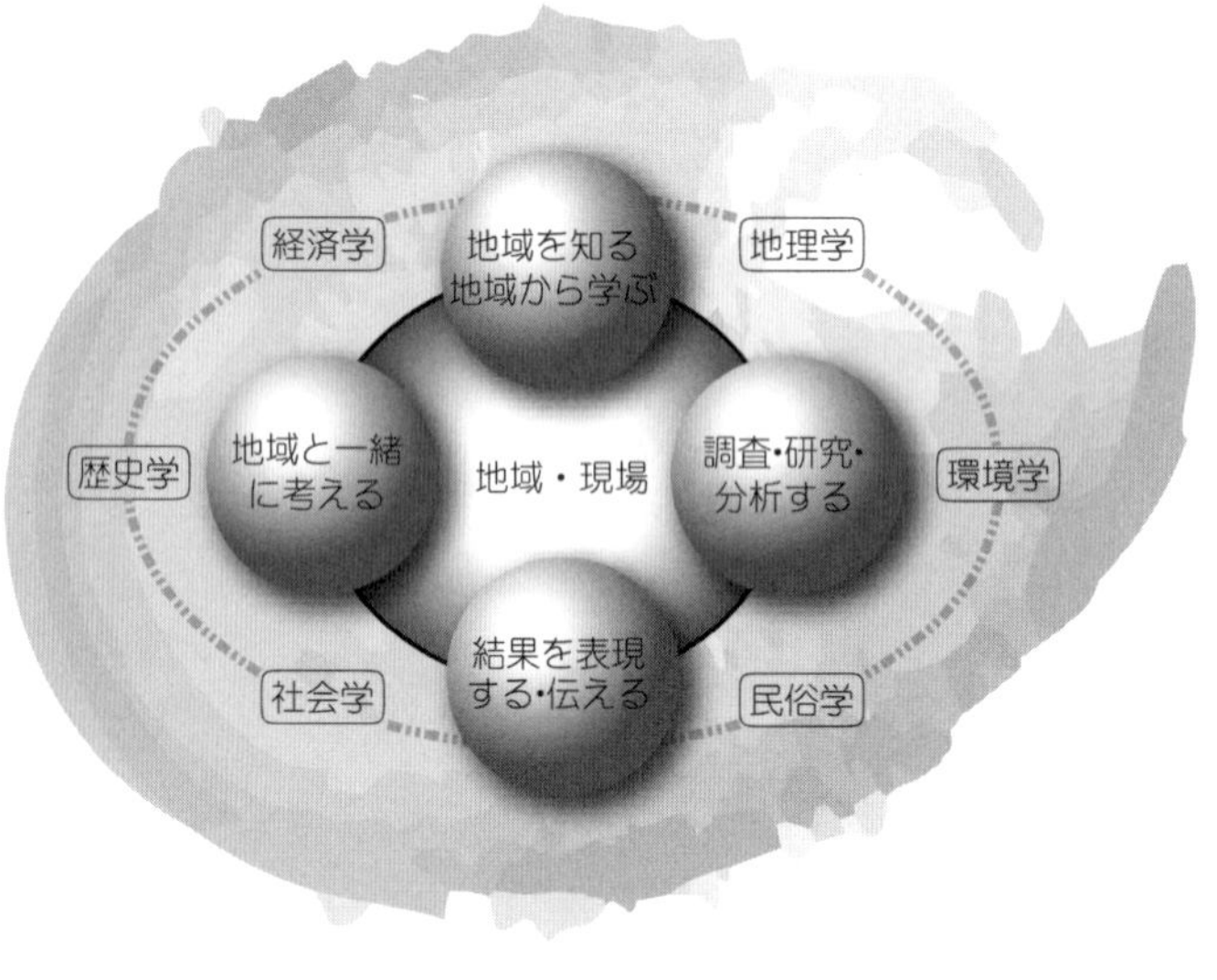

地域貢献のイメージ

住民参加型のまちづくり

草の根の運動が地域を救う

愛知大学経済学部助教授
三遠南信地域連携センター
岩　崎　正　弥

はじめに――地域づくりサポーターの活動

これから「小さな自治を育てる」というテーマでお話をいたします。私（岩崎）は主として都市部を、後半の黍嶋久好さんは山間部を中心に、小さな自治を育てる地域づくり（まちづくり）とはどんなものなのか、そのためには何をしたらいいのか、という問題提起をしたいと思っています。

二〇〇四年十月、愛知大学に「三遠南信地域連携センター」が立ち上がりました。同センターの事業は、前ページの図にあるようなイメージでスタートしました。私たちが意図している地域連携とは、身近な暮らしの場を大切にし、そこを足場にして地元から「新しい公共」を創り出すことに貢献できるようなものです。

その一つとして、二〇〇六年四月から、センターの学生「地域づくりサポーター」※たちが、愛知大学に隣接する南栄商店街の空き店舗を借りて駄菓子屋を始めました。商店街、小学校、ＰＴＡ、町内会など、地元の人たちの協力を得、まちの活性化のために知恵と労力を出し合っています。まだ始まったばかりですが、開店日はいつも子どもたちであふれかえり（写真1）、各種新聞やＴＶ局が取材に来るなど、注目を集めています。こういうささやかな、地に足をつけた試みを皆で共に育てていくことが、小さな自治を育てる地域づくり（まちづくり）のイメージです。

※　現場の地域づくりを応援する学生を学部横断的に集め、「地域づくりサポーター」としてセンターに登録した。現在二十数名所属している。

あるいは山場でも、二〇〇五年、長野県売木村の「新米プロジェクト」にサポーターたちがかかわりました。企画実行委員会への参加や、新米イベントの企画提案、都市消費者へのアンケート調査、農家への援農活動を試みました（写真2）。共に働くことで、小さな地域自治の芽生えを、内（地元）と外（学生、大学）で連携しながら育んだ事例です。

過疎と街なか空洞化

ところで、私は一九九六年に愛知大学に赴任しましたが、主として奥三河や南信州の山間部の地域づくり調査をしてきました。近年、都市部のまちづくり、中心市街地の活性化として、駅前

写真１　学生が始めた駄菓子屋「だがしろう」

写真２　売木の人たちとジャンボ五平餅作り

商店街のまちづくりにも少し関係するようになっています。

両者に顔を出していると、いくつか発見があります。たとえば山間過疎の地域づくりと都市のまちづくりには、情報と手法の共有が少ない。

過疎地の常識（たとえば農山村の女性起業）が都市部では知られていなかったり、逆に都市部の洗練された手法（たとえば合意形成のためのワークショップ）が過疎地には持ち込まれなかったりといったことがあります。

しかし共通点もあります。街なかの停滞と過疎部の問題は、人口減少、高齢化、（商店や農家の）後継者難、さらに地元への愛着が薄くなっているという意識まで、けっこう似ています。

以前、消滅の危機があるという意味で、「限界集落」と呼ばれている過疎地区でお話を聞きました。そこにお住まいのある方が、「ここには助け合いの精神がない、和の精神がない」ということを言われ、びっくりしたことがあります。農山村は助け合いが豊かだと思われています。しかし過疎が進行すると、いわば「心の過疎」が進んでしまうんですね。

同じことが商店街にも見られます。空き店舗が増え、そこに消費者金融や風俗店が入るようになると、商店街としての横のつながりが切れてしまいます。協力しあう精神が低下し、地元コミュニティが崩れていっても、立て直そうという気力がなくなってくる……、こんな話を耳にするようになっています。

あなたこそまちづくりの主人公

けれども、まちづくりとは、中心市街地の活性化ばかりではありません。私たちが暮らしている、まさにその場所こそが、まちづくりの対象になるはずです。また住民一人ひとりが、能力と関心に応じてかかわれる仕組みが、いま強く求められているように思います。重要なのは住民参加の仕組みづくりですが、住民参加にはいろんな問題がひそんでいます。

今回は、この言葉をキーワードにして、〈あなたこそまちづくりの主人公〉というお話をしてみたいと思います。「えっ、そんなことがまちづくり？」と意外に思われる方もおられるかもしれませんが、小さな自治を育てることが重要です。人文社会科学系の発想としてお読みいただければ幸いです。

まちづくりとは何か

いま人文社会科学系の発想と言いましたが、まちづくりとは、じつは都市工学系の分野なんですね。以前は都市計画といわれていましたので、区画整理や再開発など、法律知識にくわえ、建築工学や土木工学の基礎知識が必要不可欠でした。素人はお呼びでなかったわけです。はじめに、このあたりをザッとお話しておきましょう。

まちをつくること……良い社会に自分たちで育てること

「まちづくり」はなぜ平仮名か?

まちづくり、とふつう平仮名で書きます。漢字の「町」や「街」ではなく、なぜ、平仮名で「まち」と書くのでしょうか? さらには「づくり」も平仮名です。べつに漢字で書いても間違いではありません。なぜでしょうか?

厳密な定義はないはずですが、平仮名の「まちづくり」のほうが、柔らかさをイメージしやすいからだと思われます。

従来の都市計画は、ハード(区画整理、再開発、公園、交通などの物的基盤)を対象にしていました。いまは、ハードにくわえてソフト（福祉、教育、環境など、人と人、人と社会、人と自然の関係）にも目配りする必要が出てきています。このハードからソフトへという変化が、平仮名の「まちづくり」という言葉に表現されているように思います。

また、対象を見ても、まちづくりは中心市街地の活性化だけではない。つい先日、ある学生に、「まちづくりとは市町村合併と同じじゃないんですか？」と聞かれました。「新市のまちづくり」という言い方をよく見ますけれど、それはまちづくりの一部にすぎません。

私の理解では、まちづくりとは〈身近な暮らしの場所を住みやすくすること〉、こう考えています。ですから、「まち」とは身近な場所で、「つくる」とは、住みやすくすることです。

良い社会に育てること

住みやすくするには、ハードやデザインも大切ですが、それだけじゃない。中身、質が大切になる。質を考えれば、時間がかかるし、専門家だけじゃできない。地道なかかわりが必要となるし、嫌なことがあっても愛情を注がなければならない。これはつまり、子どもを育てることと同じです。だから、つくることは、〈育てる〉ことだと思うのです。

育てるというニュアンスに注目すると、育児と同様（＝良い子に育てる）、身近な場所を良い社会に育てることが大切です。住みやすい社会は、良い社会であり、生きやすい社会です。ここに焦点を合わせると、従来の都市計画とはかなりちがってきます。

まちづくりの変遷

ワークショップによる住民参加

都市計画のハード重視から、まちづくりのソフト重視へと変化しても、やはり都市工学系の方々はいろいろとがんばっておられます。

もともと区画整理のさいには、地権者の利害調整をする手法として、ワークショップと呼ばれるテクニックを用いていました。ワークショップとは、ほんらい、共同作業をとおして、ある一定の結論を一気に導き出すやりかたです。集まった人たちの緊張をときほぐすゲームから、意見集約の方法、発表のしかた、調整手段など、本当にいろんなテクニックが開発されています。

このやりかたを使って、さまざまなソフトづくりを実践しておられます。小学生を対象にしたワークショップもあるぐらいです（写真3）。ワークショップはいろんな場で大流行です。皆さんの中にも参加経験がおありの方もいるかもしれません。

ちなみに、最近できた国土交通省の「まちづくり交付金」制度の仕組みも、ソフトの活用がなければ、ハードづくりのお金を出しませんよ、というもので、行政レベルでもワークショップが頻繁に用いられるようになっています。

ソフト重視のまちづくりの、これが一つの流れです。

12 まちづくり小学校ｉｎ富士見小の様子

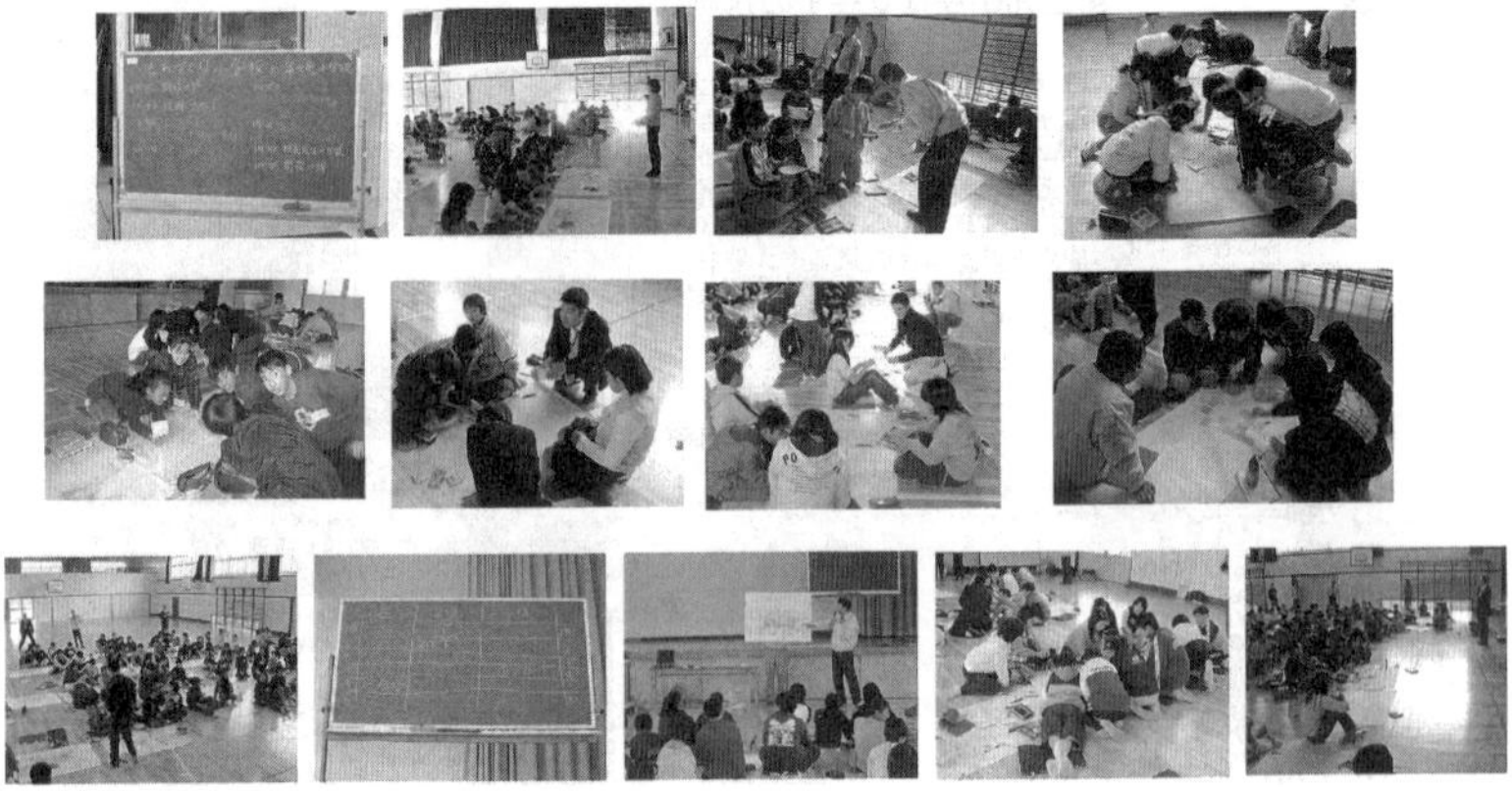

13 私たちのまちの将来
―富士見小学校６年生の視点から①

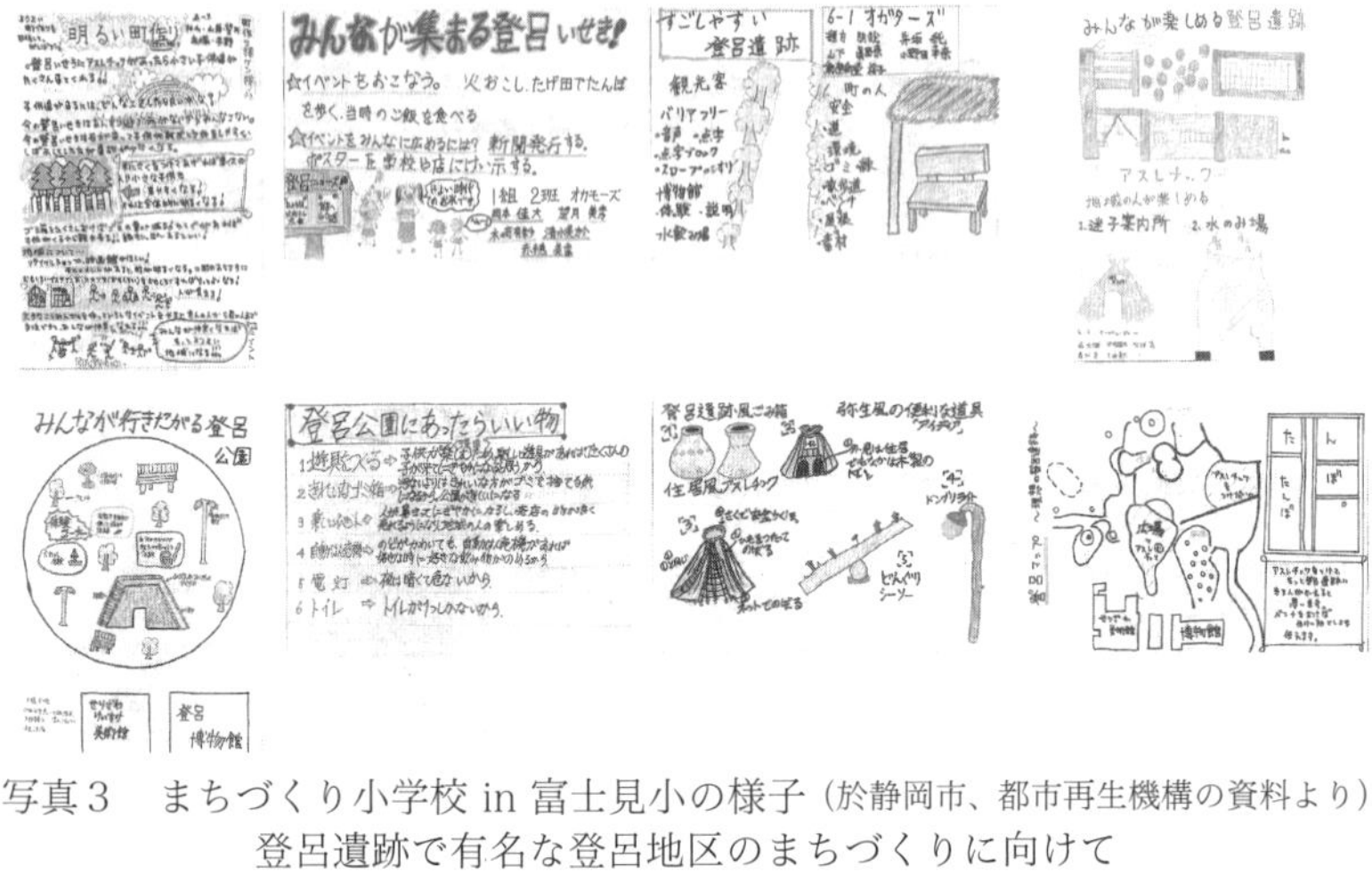

写真３　まちづくり小学校 in 富士見小の様子（於静岡市、都市再生機構の資料より）
登呂遺跡で有名な登呂地区のまちづくりに向けて

まちづくりのもう一つの流れ……コミュニティづくり

けれども、まちづくりには、もう一つの流れがあります。一九七〇年代以降の、住民運動としてのコミュニティづくりの流れです。コミュニティとは、自治会（町内会）や小学校区ぐらいの身近な場所、あるいは顔と顔とが見える人間関係のことです。当時は行政も「コミュニティ政策」という言葉を使いました。

その後、八〇年代以降はあまり使われなくなったように思います。コミュニティが想定した地縁組織のイメージが悪かったからでしょうか。むしろ阪神淡路大震災のあった一九九五年が、「ボランティア元年」といわれたように、それ以降、地域に縛られず、目的をもって行動するスタイルが重視されてきました。九八年にはＮＰＯ法もつくられ、現在ＮＰＯ法人の数は二万五千を超えています。

同時に、その頃からだと思うのですが、再びコミュニティという言葉がよく使われるようになっています。発生が予想される地震など自然災害時の助け合い、異常な犯罪から子どもたちを守るための防犯、地区がもっている教育機能への期待、高齢者や障害者の地域福祉化など、身近な場所のもつ力に関心が集まり始めたからです。

ただこの場合、地縁組織というイメージよりも、地縁ではあるのですが、人と人との豊かなつながり、という意味合いを強くコミュニティという言葉にもたせています。

私は、こちらの流れから、住民参加型のまちづくりを考えてみたいと思います。

住民参加型まちづくりの課題

近年、身近な場所には、じつにさまざまな問題が起こっています。ここでは、それらをざっくりと見たうえで、問題の本質を取り出してみます。そして、住民参加の課題はどこにあるのか、またその解決方向はどこなのかを探ってみたいと思います。

まちの諸問題の根っ子

さまざまな問題

街なか空洞化　いわゆるシャッター商店街と呼ばれる問題です。大都市を除く、ほぼすべての都市に共通する問題です。政府は大型小売店の郊外立地規制をして、都心回帰の傾向を促進するためにまちづくり三法を改正しました。まちづくりとは、ほとんど街なか活性化と同じ意味に語られている状況が現実です。地域経済の停滞にもつながりますが、すでに多くが語られていますので、ここではあえてふれることはしません。

景観問題　醜い景観の問題、画一的で個性のない街並みや、主要道両脇のチェーン展開する店舗の数々、電線や電柱の多さなど、生活景観の醜さが指摘されています。国も二〇〇四年にいわゆる景観法を制定しました。

犯罪　夜の中心部に出れば一目瞭然ですが、いま繁華街には危険がゴロゴロころがっています。とくに子どもたちが危ない。元夜間高校の先生で、夜回りを長年行ってきた「夜回り先生」こと水谷修さんがさかんに述べているところです。麻薬の販売や手配師の横行など、夜の繁華街は犯罪の温床です。

外国人労働者、ホームレス問題　犯罪など危険が叫ばれると、必ず登場するのが、外国人労働者やホームレスです。とくに東海地方は工業がさかんなので、多くの外国人労働者（日系ブラジル人）が住んでいます。行政も適切に対応するため、豊橋、浜松、豊田など全国十五の都市が集まって、「外国人集住都市会議」を構成しています。問題の一つは、不就学児童・生徒で、豊橋では約千人の日系ブラジル人児童のうち、学校に通っていない子どもたちが、何と四百五十人以上もいるといわれています。※

※　この点に関しては、浜松でも同様の問題を抱えている。そこで浜松市が丹念に調査したところ、実際の不就学率は非常に小さかったという結果を聞いた。

その他　このほか、一人暮らしのお年寄りの増加とか、ゴミの問題とか、目を凝らせばいろんな課題に直面します。また、段差があって歩きにくい街並みを改修するとか（浜松では「ユニ

清水駅前銀座青年部ニュース

駅前銀座 かわら版

1974 第5号
9月号
発行人
花井　孝
出版教養委員長
石川　彰
編集長
水谷和正
青年部事務局
清水市駅前銀座アーケード街商店会事務所
TEL (65) 5746

『駅前銀座はこのままでよいのか!!』

◇アンケート調査報告◇

出版教養委員会は、駅前銀座に関する意識調査をこれからの駅前銀座を発展させる資料とするために行ないました。その結果、店主が二〇人、従業員七九人、その他十三人、青年部二〇人、合計一三二人の方々より解答をいただきました。

調査結果によると、駅前銀座の名称については六一%の人が現在のままでよいとし、カラー舗装に関しては五六%の人が賛成している。又赤札市の今後については五四%が続けた方がよいとの解答でした。三つの問題に対してそれぞれに圧倒的な支持は得られず、過半数をどうにか保っているのにすぎなく、どちらでもなくその他という意見も沢山ありました。駅前銀座全体としての意見が統一しにくい事が裏づけされた反面、お互いの会話がなく、横のつながりがないという事も事実ではないでしょうか。

調査結果の主な内容は次の通りです。

「駅前銀座の名称について」

右表のように約六割の人が現在の名称でよいという解答ですが、さらに分析して店主だけでみますと八六%と圧倒的な支持になっているのに対し、青年部においては極端に低く三五%しか支持しておらず、四〇%が古くさい、二五%がセンスが悪いと解答し、又従業員の場合は両者の中間をとって支持したのが五六%でした。

この名称については年代の相違、愛着心の深さによって大分異なるようです。

「カラー舗装について」

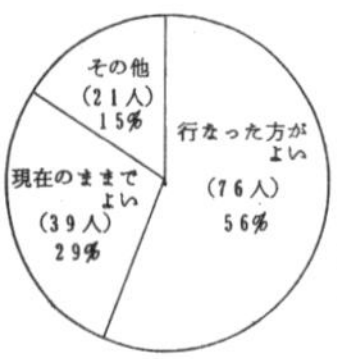

カラー舗装については、まだ意識が低いように感じられます。具体的なデータも出ておりませんし、カラー舗装というもの自体どんなものだろうかという疑問さえあるようです。

全体の結果は右表の通りですが、行なった方がよいという意見が半数を上まわり、反対が三〇%の割合でした。店主の場合は約四割が賛成し反対が三五%、わからないという人が意外に多く二五%もあり、これから話し合いの必要がありそうです。従業員の方の賛成が六三%、反対が二三%、青年部の場合は賛成半分、反対が三五%でした。

お客様をより多く吸収し、二四万人の市民とさらに商圏を広げ、静岡への流出をストップさせる為にも現在のまゝでよいのだろうか、アーケード建設の時のように画期的な転換を今度は、天から地へと移行するのが望ましく早期に行なうべきだという積極的な意見がある反面、やる事自体に異論はないがそれだけの費用をかけてメリットがあるだろうかという疑問をもつ人もありました。

どちらにせよ、以上のような結果を参考にして具体的な研究資料を作成し納得のいく意見交換の場をもつことが望ましいと思われます。

「赤札市の今後について」

赤札市の今後については、予想外に賛成が少く、半数を少しこえる程度の結果になったということは、何をこの数が物語っているのだろうかこゝで深く考えてみる必要があるのではないのだろうか！

写真４　清水駅前銀座『かわら版』(1974年９月)

バーサルデザイン条例」が制定されています）、ベンチやゴミ箱や花壇を設置するとか、デザイン的な問題もありますね。

けれども、これらソフト面にかかわる問題には、共通の根っ子があるような気がします。

発想の逆立ち

賑わい論を疑う　一口にいえば、発想が逆立ちしているように思えてなりません。街なか活性化をめぐる議論が典型です。もはや、賑わいを取り戻すという発想では駄目なんじゃないか。すでに現場ではかなり先に進んでいます。

たとえば、静岡市清水区（旧清水

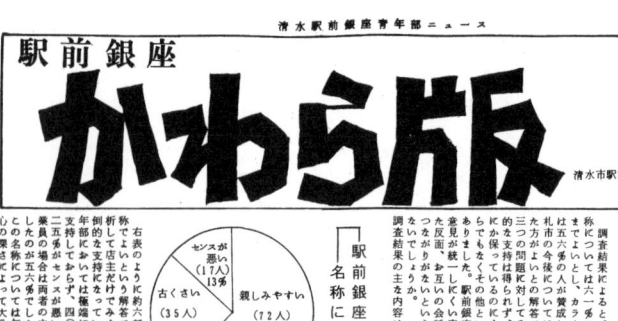

市）の駅前商店街で聞いた話です。清水はすでに一九七〇年代から街なか活性化に取り組みつづけているところで、当時青年たちが商店街の『かわら版』を発行していました（写真4）。この三十数年間、ほんとうにいろんな取り組みをしてきました。にもかかわらず、近年の空洞化の趨勢には勝てません。地理的要因や構造的な経済問題など、個別商店街の努力や行政施策だけでは限界がありますが、次のようなことを地元の方は語っておられます。

「もうモノやサービスを売る時代ではない。訪れた人に楽しさを演出する、豊かなつながりがつくる喜びを味わってもらう。こういう発想の転換が必要だ。結果として商売が繁盛すればいい。だから『商店街』ではなく『生活拠点街』をつくるんだ」と。これが駅前商店街の目標だそうです。本質を追求すれば、賑わいは後から着いてくるというわけです。その通りだと思いました。

二年ほど前、愛知県安城市の街なかを、市の職員、女子高生たちと一緒にポラロイドカメラを持って歩きました。安城には、いま空き店舗に風俗店がいっぱい入り始めていますが、女子高生は怖がるんですね。この感覚はまちづくりにとても大切だと思います。

いま駅前から駅周辺を眺めて、一番看板が多いのは何でしょうか。消費者金融じゃないでしょうか、あるいはパチンコ店か語学教室の広告でしょうか……。怖い人たちがいっぱい集まって、一見賑わいがあるようでも、本当に良い社会かどうか疑問です。賑わいの質を真剣に考えなくてはいけなくなっています。清水のように、〈ポスト賑わい〉を模索する時代になったと思います。

まちづくりの思考停止

もちろん賑わい論だって、質は当然考慮している、そんなの当たり前だと反論するでしょう。でも、質というものは、形が見えにくくて、捉えどころがない。良くするには時間がかかりますし、マニュアルもありませんから、より効果の出やすい賑わい論に走るわけです。それで質が良くなればいいですが、質どころか、賑わい自体も戻らないという状況に苦しんでいるのだと思います。

こうした発想の逆立ちは、ホームレス問題にも見られます。「臭いものには蓋」（見て見ぬフリ）、あるいはクリアランスと称して排除する。ふつうはこのどちらかです。

情報も偏りすぎています。ホームレスはみんな昼間から駅の構内で酒ばかり飲んでいる……と（これはまことしやかな嘘偽りです！）。だから、ホームレスがたむろできぬよう、公園の木々を切り倒し、ベンチを取り払い、見晴らしの良い、透明度を高めた再開発をしてほしい、こういう声を実際に静岡県のある都市で聞きました。

よく考えればわかることですが、そういう環境がホームレスを誕生させているわけではないですね。しかし目隠しするか、排除すれば、一時的に嫌な問題が視野から消えます。これは一種の思考停止です。効率主義によって余裕をなくしたことが、思考停止をもたらしているのだと思います。

希望を生み出す

私たちはこういう状況の渦中に放り込まれています。まちに出れば、心がなごみ、いやされ、うきうきし、元気や希望がわいてくる、そんな姿が私の理想です。

定規できっちりと線引きをし、綺麗な景観で囲い込まれた、あまりに透明な空間が、素晴らしいまちだとは思えません。私の考えるまちづくり、しかも住民参加型のまちづくりとは、人と人との信頼を取り戻し、余裕を体感でき、希望を生み出す元気が与えられる場に、まちを育ててゆくことです。この目標がまちづくりの本質だと考えています。

そのためには、一人ひとりの参加が必要なのです。でも今までできなかった。それが現状です。なぜでしょうか？

住民参加の意味

住民とは誰なのか——子ども、女性、高齢者、障害者、ホームレスなどは非住民？

意識の低さを批判するのは一面的です。ワークショップをはじめ、機会は十分あるではないか、こういう批判も的を射ていません。ここで深く考え直すべきことは、住民参加という場合の住民とは、一体誰なのか、という問題です。

はっきりいえば、この住民とは、居住者の意味ではありません。暗黙に了解されていた住民とは、「定職をもった健常な青壮年日本人男性」だったのです。

この定義からこぼれ落ちる人びと、女性、高齢者、子ども、失業者、ホームレス、フリーター、ニート、引きこもり、障害者、病人、外国人等々は、もともと住民の枠組みの外側にあった、といったらいいすぎでしょうか。

もちろん、住民の枠組みは少しずつ広げられてきています。近年は、ユニバーサルデザインが普及し、女性、高齢者、障害者、外国人などの一部を考慮し、まちに住みやすくなるような施策が重視されています。しかし、まだまだ、こぼれ落ちる多くの人びとがいます。

やる気のもてない人、がんばれない人、能力のない人が、新しい非住民？

というよりも、〈新しい非住民〉ができつつあります。現在の社会は、条件や出発点の違いを無視して、やる気のある人、がんばった人、能力のある人を称揚し、選別し、集中的に酬いるようになっています。地域補助金も「選択と集中」です。

そうすると、やる気のもてない人、がんばれない人、能力のない人は、無視され、排除され、権利までも奪われていく事態が生じているのです。チャンスを与えているのだから、そのチャンスを自分のものにできないお前が悪いのだ、という理屈がありますが、しかし出発点や条件がすでに不平等ならば、チャンスを公平に与えているというのは、富めるものがますます富むための偽りにすぎません。

こういう流れから取り残された人びとが、〈新しい非住民〉です。先ほどの〈古い非住民〉は、いま二極化し始めています。意欲のもてる女性や障害者は住民になりますが、ホームレスや引きこもり青年たちは、そのままで非住民です。さらに先ほどの「定職の……日本人男性」という住民の中でも、非住民に転落してゆく人が増えているのです。

非住民を住民にすること

私は、ワークショップのように、やる気のある人だけを対象として能力向上をはかる、そして専門的な人材を育成するというやりかただけでは、処理できない問題が今後激増するだろうと見ています。住民参加型のまちづくりとは、非住民を住民とする過程のことだと思うのです。

こういう問題を考える場合、やはり抽象論ではなく、具体的な事例から原則を学ぶやりかたが有効です。全住民が参加する事業で有名な事例を、一つだけ紹介してみましょう。

住民参加型まちづくりの事例から学ぶ

はじめにお断りしておきますが、この事例は、正確にはまちではなく、農村部のケースです。ですから地域づくりという呼称が正しいのですが、身近な暮らしの場を住みやすく、生きやすくすることが、ここでのまちづくりですので、まず何をしているのかを確認して、いくつかのポイントを考えてみたいと思います。

鹿児島県串良町上小原《かみおばる》柳谷集落の事例

ご紹介したいのは、鹿児島県串良町上小原柳谷という集落です。鹿児島市内からフェリーで錦江湾を渡り（桜島側）、車で一時間ほど走った平地農村です。世帯数百三十戸、人口三百人の小さなコミュニティです。

しかし、二〇〇二年度の日本計画行政学会の地域づくり部門で最優秀賞を受賞しました。集落レベルでは初の受賞で、しかも同年はレインボープラン（家庭の生ゴミ堆肥化で消費者と生産者を結ぶ計画）で有名な山形県長井市もエントリーしていました。長井市を抑えての受賞ということで注目を集めたのです。受賞理由は「全住民が参加する行政補助金に頼らない地域づくり」でした。

写真５　「感動の地域おこし」を訴える豊重哲郎氏の著書

リーダーの存在

事業が始まったのは今から十年前です。一

九九六年、自治公民館の館長に豊重哲郎さん（当時五十五歳）が就任してから、集落の雰囲気が変わっていったようです。豊重さんは、「生きた福祉と感動の地域おこし」をスローガンに掲げ、みんな大切なんだ、一人ひとりが主人公なんだ、と誰もが参加できるさまざまな仕掛けをつくりました（写真5）。

高校生の活躍

きっかけは、当時集落に十数人いた高校生を地域づくりに参加させたことです。集落の「高校生クラブ」に夢を聞いたところ、ドーム球場でオリックスのイチロー選手の試合を見ることだというから、そんなの簡単だ、資金づくりのためにカライモ栽培をしたらどうかと。それで高校生は始めます。そして初年度三十五万円ほどの収益を上げ、みごと夢を実現させました。

しかしここからがすごいのですが、カライモ栽培の収益金の一部を、二十三戸ある独居老人世帯の緊急警報装置を付ける費用に充てたのです。何かのときの不安に怯えていた高齢者は大喜びです。その姿を見て高校生も感激します。「ああ、俺が役立ったんだ。生きてて良かった！」という感じでしょうか。これが「生きた福祉」です。

豊重さんによれば、高校生は集落の機関車です。機関車が活発になれば、他の車両も勢いづきます。その後高校生は、集落の各種イベントを企画したりして、集落事業にかかわっているそうです。

写真６　お宝歴史館

住民総出の事業

高校生の活動が発端となって、カライモ栽培は住民総出の事業となり、現在耕地面積一ヘクタール、収益も年間八十万円ほど得るようになっています。集落の収益金はこの他、自前で土着菌センターをこしらえ、その販売利益が年間百万円ほどあります。また二〇〇四年には、芋焼酎「やねだん」を開発しました。こうした独自財源にもとづいて、独創的な事業を行っています。

ふるさとレター　目をみはるユニークな事業がいっぱいあるのですが、たとえば「ふるさとレター」。外で暮らす柳谷出身者が、故郷に住む父母や祖父母に手紙を書き、それを有線放送で集落中に流します。代読するのは高校生で、涙を流しながら読み上げるそうです。

お宝歴史館　集落の過去・現在・未来をつなぐために、集落の人びとの「お宝」を集め展示しています（写真６）。しかも「柳谷の歴史人達」を写真入の額縁で残し、歴史をみなで共有し、明日への希望としています。柳谷未来館もつくられました。

おはよう声かけ運動　小学生の登校時、集落の人びとが沿道に立ち並び、「おはよう」と声をかける。私は新聞記事の写真を見せてもらいましたが、全児童生徒六十数名よりも多い、七十数人の大人たちが声をかけるんですね。しかも手づくりの団扇を手に持ってあおぎながら声をかける。マラソン選手を応援する光景を思い出しました。

写真７　わくわく運動遊園

集落寺子屋　小中学生の学習塾を集落がつくって、子どもたちの学習補助に乗り出しています。

まだまだユニークな事業がありますが、ここではこのくらいで……。豊重さんは、内部留保が五百万円溜まったら、集落育英金を出したいとおっしゃっていました。地縁共同体であり、事業共同体でもあるんですね。

わくわく運動遊園づくりが全住民参加型事業の始まり

こうした事業の発端が高校生にあったことは先ほど述べたとおりですが、じつはもう一つ、同時平行で進められた「わくわく運動遊園」（写真7）づくりが大きかったようです。この遊園は広さ二十アール、荒地を住民の手で整地し、山を持っている人が木材を無償提供し、重機出動などボランティアで休憩所をつくり、字の上手な人が看板書きをし、みんなで集落の広場をつくりました。

目標を共有し、みんなで協力し合ってつくりあげたという事実が大きかったわけです。ここから全住民参加型の、行政補助金に頼らない、「感動の地域おこし」が始まりました。その後、土着菌センターもお宝歴史館も、ハコモノは自前でつくっているそうです。

住民参加型まちづくりのポイント

この事例からいくつものポイントが学べます。豊重さんは地域リーダーであり、リーダー論を強調しておられますが、ちがった観点から見たいと思います。

全体を通して言えることは、活性化自体を直接の目標にしていたわけではないことです。集落の一人ひとりを大切にし、互いに助け合い、協力し合う。みんなで感動の輪を広げていくことをしたいと。こういう中身、質に重きをおいた発想が——先ほどみた逆立ちした発想の反対です——、結果として、全住民参加型の地域づくりにつながり、活性化に成功しているように思うのです。

まちづくりに引き付けて、もう少し詳しくポイントを見てみましょう。

①暮らしの場の問題を発見し、その解決のための事業を立ち上げる

身近な場所には、目隠しされている問題がいっぱいあるはずです。それをまちづくりにつなげていくやりかたが、一番自然です。

たとえば独居老人世帯は、柳谷に限らず、今はどこにでも生じている問題です。それは福祉の仕事としてまちづくりから除外するのではなく、良い社会づくりの一環として、まちづくりの重要なテーマにすべきです。

②だれもがキーパーソンである

リーダーはなるものですが、誰もがなれるわけではありません。しかし間違いなくいえることは、誰もがすでにキーパーソン（重要人物）だということです。〈あなたは（そのままで）重要な存在です〉という、このメッセージほど、私たちにとって嬉しいことはありません。

柳谷では、おりにふれ、一人ひとりの固有名詞を大切にしています。看板には原則として奉仕した一人ひとりの名前が書きこまれます。だから人は動くのだし、その人の能力に応じて働く場が与えられれば、喜んで奉仕するでしょう。柳谷は、こういう参加の多様な仕組みが上手に組み合わされています。まちづくりもまったく同様です。

③小さな、身近な範囲が大切である

一人ひとりが大切にされるのも、小さな、身近な範囲だからできることです。柳谷は百三十戸、三百人です。この範囲は、小学校区、あるいはちょっとした都市ならば、自治会（町内会）の範囲に、一番近いんではないでしょうか。

高齢社会ではなおさらのこと、徒歩十五分圏エリアの充実が大切です。このサイズなら、誰もがまちづくりに参加可能でしょう。

④三世代がつながりあう

とくに子どもが重要です。子どもがまちという現場に出れば、親の世代と、祖父母の世代もまちに出ます。子どもは、まちづくりの世代間接着剤です。

柳谷では高校生でしたが、いま子どもたちは、総合学習を初めとして、まちづくりの試みを行うようになってきました。そして子どもは将来のリーダー候補です。

⑤目標（あるべき姿）と方法（しなければならぬこと）を共有する

目標と方法、この両者の共有が、人びとを現場へと引き出します。柳谷では、事業のたびに目標を明確に提示しているそうです。

方法とは、目標に向けて、しなければならぬことです。ただ目標は共有できても、方法の部分で、Aさんは行政補助金に頼るべきだ、Bさんは自主財源を獲得すべきだ、では両立不可能でしょう。

方法の部分で、釣り合わぬくびきを互いに負わすわけにはいきません。かえって摩擦対立から、良いものまでも損なわれてしまうでしょう。別々にやればいいと思います。目標は同じ方向なのですから、互いに批判しあうのではなく、結果として、良い社会に近づけばいいのではないでしょうか。

⑥地道に、息の長い取り組みをする

現代の風潮は、効率主義が先行しすぎて、すぐに結果が求められます。短期間で結果を出したら、また次の業務へと、矢継ぎ早に走り回されています。まちづくりは、この姿勢ではできません。

現在、観光地として有名な大分県湯布院町も、昭和二十年代のダム建設をめぐって町が二分し、危機意識が醸成されたところからまちづくりが出発しています。三年や五年では成功しないと、腹をくくる覚悟が必要ではないでしょうか。

「私たちの大地は祖先からの継承ではなく、子孫からの借り物である」という趣旨のことばがあります。自分たちの子どもの世代、孫の世代から、今のまちづくりに取り組む余裕が必要だろうと思います。

⑦自然体で楽しくなければ長続きしない

最後に、長続きさせるためには、やはり無理をしない、背伸びしない、楽しくなければだめだ、ということを強調したいと思います。自然体ということは、自分の能力に合ったことを行うことです。

また、楽しさは、面白い企画を実施することだけではありません。〈互いに能力の違いを認め

て、足を引っ張らず、尻も叩かない〉という原則が共有されていれば、まちづくりへのかかわり自体が意外に楽しいものです。ギスギスして信頼が崩れると、どんな事業も失敗します。

希望を創り出すプロセスとしてのまちづくり――今後の課題

本当は、さらに三遠南信地域という圏域において、広域連携の中でのまちづくりを語る必要がありますが、この点に関しては本書後半をご覧ください。黍嶋さんの話題提供が、三遠南信地域を対象にした市町村合併と地域自治を育てるまちづくりのお話しになるはずです。

最後に、今後の課題の意味をこめて、問題提起をしておきましょう。

「良い社会」の最低条件――生き方の幅が広く、互いに支え合える余裕をもつ社会

住民参加型まちづくりがめざす良い社会とは、〈生きやすい社会〉だと言いました。生きやすい社会とは、一つには、一人ひとりの生き方の幅が最大限広げられる社会です。もう一つは、互いに支え合える余裕のある社会、この二つが最低限、私の考える良い社会の条件です。

生き方の幅を広げるまちづくり

最近は「希望格差社会」などと言われ始めていますが、格差とは、生き方の幅の不平等として

とらえるとわかりやすい。

誰でも、選択肢が多いほうがいいはずです。しかし所得格差や資産格差など結果の不平等が、教育機会や就職機会など、機会の不平等を助長している。これは、生き方の幅を狭められる人が増えているということです。生き方の幅を狭められた人びとが、先ほどふれた〈新しい非住民〉です。ですから、生き方の幅を広げるまちづくりをするべきです。

身近なコミュニティに目を向けると、生き方の幅の広い・狭いはいっぱいあるでしょう。現在各地で、費用対効果から、バス路線がどんどん廃止され、コミュニティバスも限定されています。過疎地域ではいっそう深刻で、お年寄りの移動手段の確保として、ボランティアタクシー導入の動きが見られるようになっています。これはお年寄りの生き方の幅を広げるやりかたですね。

あるいは学校の統廃合で、身近な場に学校がなくなるケースも見られます。先ほどの柳谷のような地域の寺子屋なども、幅を広げる一つのやりかたでしょう。身近な場所に応じていろんな問題があり、いろんなアプローチのしかたがあるのではないでしょうか。

支え合う余裕をもつまちづくり

もう一つの支え合いですが、近年とくに支え合う余裕が社会になくなっていることを痛感します。生き方の幅が縮小されるのは、努力しないことの当然の結果だというような、乱暴な議論さえ耳にします。あるいは、支え合って一体何の得があるんだと、オンリーワンを履き違えて、自己中心を肯定する風潮もあります。

支え合いの余裕を失ったまちは、効率性・機能性に支配されます。魅力のない無味乾燥な空間への変貌です。困っている人や苦しんでいる人がいれば、「かわいそうに」と心を動かされるのが普通のはずです。一人では手助けできなくても、まちとして、そういう余裕をもつことは、子どもの教育はもちろん、人が育ち、新しい価値の発見や創造が生まれる素地になるはずです。

支え合いが、防災や防犯、またコミュニティ力の低下から見直されています。こういう質的なものを育成させることが、これからのまちづくりに必要でしょう。そういう〈まちそだて〉には、住民参加が、すなわち非住民を住民にしていく過程が不可欠です。

どうやって参加するのか

まちを希望の場に育てるための魔法の杖はありません。さきほど挙げた七ポイント、もっとあるかもしれませんが、こうしたかかわりかたを続けるしかないと思います。

小中学校と地区の連携

問題はどうやって参加の仕組みをつくるかです。一番やりやすい方法は、自治会（町内会）や公民館のありかたを変えていくこと。とりわけ小中学校と地縁組織とが連携して、地区の問題に協働で取り組むことです。

学校と地区の連携は各地で進んでいます。実際に私が取材した例を挙げますと、三重県亀山市の白川地区では、全校児童が四十名弱しかいませんが、子どもたちが地区に出て活動し、地区のヘソとして機能しています。また山形県高畠町では、地区内ホームステイといって子どもたちを同じ学校区の別の家庭にあずける試みをしたり、東京の町田市では不耕起農法の田んぼを小学校がつくり、地域を巻き込んだコミュニティづくりに発展したり、長野県飯田市の下久堅地区では伝統の和紙生産で小学校と公民館が連携したりと、学校と地区の連携によるまちづくりの事例はどんどん増えています。

地域ボランティアをまちづくりに

また、さまざまな地域ボランティアを、まちづくりとして明確に位置付けるべきだと思います。多くのＮＰＯ法人はまちづくりを重要な活動分野として挙げていますが、とくに福祉、教育、環境（ここでは環境にはまったくふれられませんでしたが）は、まちの質を育てるために、欠かせない分野です。

ＮＰＯ法人格を取得しなくても簡単にできます。たとえば、実際に私が仲間たちと共に取り組んでいるささやかな試みをご紹介いたします。「聞き屋＆ゴミ拾い」です。豊橋の駅前で、「あなたの話、お聞きします」という「聞き屋」をしたり、ホームレスの自立協力という意味も込めて一緒に駅前の「ゴミ拾い」をしたりと（最近はもう少し発展させてエコマネーを使い始めまし

東日新聞 2005年(平成17年) 第3種郵便物認可 6月9日(木) ⑭

希望の糸口

「聞き屋」に集う人々

豊橋駅前デッキ 悩み、相談など気軽に

月曜の夜、JR豊橋駅前デッキで話し込む人びとの中に、よく見ると「聞き屋」なる看板を首から下げている複数の若者や中年女性の姿が。声をかけると、無料で街ゆく人の悩みや相談の話し相手になっているという。詳しく事情を聞いてみた。

豊橋駅前で悩みを聞く「聞き屋」

無料で人びとの話を聞いているのは「いやしのオアシス」というグループで、活動は、毎週月曜日の午後7時50分から9時30分まで。メンバーは、20代から50代の男女15人で、職業も、看護師、大学助教授、介護ヘルパーなどさまざまだ。

昨年、メンバーの1人が、東京の街角で無料で人びとの話し相手になっている元吉本芸人・枚方バンダムさんの存在を知り、「自分もやってみたい」と思い立ち、共感した仲間たちと8月下旬に豊橋駅前で活動を開始した。

多彩な職業のメンバーが話し相手

活動を開始してもうすぐ1年。冬の寒さに震えたり、酔っ払いにからまれて交番に助けを求めたりしながらも、人びとのさまざまな話を聞いてきた。

浜松から来たという初老の夫婦。親の介護に疲れ、唯一の楽しみは月に1度2人で近場に旅行することだという。「いいことをしているねと逆に励まされた」とメンバーの中島博之さん(38)。

「ほかにも、家庭に居場所のない中学生や高校生、中には小学生の女の子もいました」と岩崎正歌さん(43)。「人をいたわる心や信頼感が失われている今の世の中で、『聞き屋』を糸口に、この街をともに希望の持てる場所にしていきたい」。「聞き屋」と並行して、駅周辺のごみ拾いをもしている同グループ。彼らに話を聞いてもらい、自分も活動に参加するようになったメンバーもいるという。

感謝込めて花束を

花の日ちなみ 豊橋旭幼稚園 園児が交番など訪問

豊橋市向山町の豊橋旭幼稚園(高田俊夫園長)の園児たちが7日、6月第2日曜日の「花の日」にちなみ、日ごろからお世話になっている人や老人ホームを訪問して花束を届けた。

同日は大小260の花束を用意し、豊橋市中消防署、向山交番、各種医院、老人ホームはさわらび荘や若菜荘、サニーライフなど14カ所を年少組から年長の園児が訪問した。

向山交番には、年少組の28人が訪問。到着すると、交番の早川武喬巡査長と相談員の渥美和昭さんを前に、園児たちが「いつもありがとう」と、バラやカーネーション、ガーベラ、カスミソウなど色とりどりの花束と花の形に切ったカードを笑顔で手渡した。その後、「この花のように」を元気よく合唱し、日ごろの感謝をした。

早川さんは「小さな子供たちが届けてくれてうれしい。早速交番に飾りたい」と話していた。

早川さんらに花束を手渡す園児たち(向山交番で)

写真8 「聞き屋&ごみ拾い」の取組みを報ずる新聞
(『東日新聞』2005年6月9日)

た)、ささやかなことをしています。

私たちの目標は、〈豊橋のまちと人を愛そう〉という、いたって単純なものです。『東日新聞』が取り上げ、記事にしてくれました(写真8)。この新聞記事を見て、六十代の女性が参加してくれたり、大学生が加わったり、市の職員も来てくれたりと、少しだけ変化が見られ始めています。

これは希望をかたちにする一つの試みにすぎません。こんなことなら、仲間さえいれば、誰でも、すぐにできるんではないでしょうか。

浜松では、「まちづくりセンター」(通称まちセン)があります。ここではいろんな活動を行っており、聞き屋はやってないようですが、ホームレスや日系ブラジル人の

自立支援など、ちゃんとまちづくりに組み込んでいるそうです。そういう、住民が参加しやすい、そこに行けば志を同じくする人が見つけられる、そんな〈広場〉が重要になると思います。

おわりに

ある映画上映会から

二〇〇四年十一月、自立協力ボランティア豊橋サマリヤ会（代表：高島史弘）という団体が主催（豊橋市ほか後援）で、「石井のおとうさんありがとう」という福祉映画を愛知大学でチャリティ上映しました。日本で初めて孤児院をつくった石井十次の伝記的映画だったのですが、地元出身、マツケンサンバの松平健主演ということもあってか、多くの人が見に来てくれました。

この映画上映に際して、とても感動的なことがありました。まったくのボランティアで、ホームレスの方々、日系ブラジル人たちが、三十名ぐらいいたでしょうか、同じ目標に向けて力を合わせました。ここには車椅子の方や、不就学日系ブラジル人児童・生徒もいたのです。いわば非住民の扱いを受けている人たちが住民になっていくのは、こういう共同作業、互いに助けあい励ましあう過程なのではないかと強く感じたのです。

まちの中に多くの「人の駅」（真のコミュニティ）を

まちづくりでも事情はまったく同じはずです。身近な場所での問題を探し、その問題解決のために、同じ場所に暮らす人びとが、もちろん非住民の人も含めて、共に良い社会に向けての取り組みをしていく。それが真の住民参加のまちづくりです。そのとき、実質的な住民の枠が広がっていくでしょうし、生き方の幅を広げ、支え合いの余裕をもつ社会へと育てることにつながっていくでしょう。

以前、地域通貨で有名な滋賀県草津市の「おうみ委員会」を訪れ、話を聞いたことがあります。その事務所が「人の駅」といいます。素晴らしい名前だと思いませんか。地域通貨（エコマネー）の目的自体が、人と人とをつなぐことにあります。人と人とがつながれ、交わり、共に喜び、共に泣ける、また本音を言いあえる、真のコミュニティという意味合いが「人の駅」にはあると、私は勝手に理解しています。そういう真のコミュニティを無数にまちの中につくりだすこと、それが小さな自治を育てるまちづくりだと思うのです。

いいかえれば、そこにアイデンティティをもてる、多様な居場所づくりですね。さらには、広い意味での〈仕事づくり〉が大切だと思うのですが、またそれは別の機会にあらためてふれてみたいと思います。

市町村合併でまちはどう変わるのか

三遠南信地域の実例から

愛知大学
三遠南信地域連携センター
黍嶋久好

はじめに

三遠南信地域連携センターの黍嶋でございます。

昨年まで地方自治体の現場におりましたが、縁がございまして愛知大学でお世話になっております。今回のお話は、自治体での仕事経験と現在大学で勉強していることを併せてご紹介させていただきます。

最初にお断りをさせていただきます。二〇〇五年七月一日に、十二市町村が合併して新浜松市が誕生しました。この大合併はいくつかの意味で興味深い試みがみられます。そこで、はじめに新浜松市の事例を検討しながら、市町村合併との関連で小さな自治を育てる話に進めていきたいと思います。

最初に自己紹介をさせていただきます。

私は豊根村に住んでいます。豊根村の茶臼山スキー

豊根村の位置(上)と豊根村中心部

場から浜松駅のアクトタワーが見える位置があります。秋から冬の澄み切った日には遠くにアクトタワーの頭が見えます。

合併前の位置関係から言いますと、豊根村からは浜松は非常に遠くて霞んでいたわけですが、合併後から隣が浜松市となりました。今までは、複数の町を通過しての浜松への到着でしたが、県境即浜松市となり、七十九万人の都市に千四百人の山村が隣接することになりました。遠くに見えたアクト（浜松）が身近に感じられる距離になったわけです。

今回のお話のテーマを、新しい地域づくり・市町村合併でまちはどう変わるのかとさせていただきました。

浜松市民は、「新生浜松市・政令指定都市をめざして七十九万人の都市が誕生」とのイメージを膨らませて合併の日を迎えたのでしょうか。遠州人気質で言えば、合併をやらまいか↓やった↓これからどうする↓さらにやらまいか、ということになるのでしょうか。

外野の者にとっては、今回、合併協議で浜松方式として提案され合意されました「クラスター型の政令指定都市づくり」、「地域自治組織・都市内分権の推進」、「一市多制度の創設」等の行方には関心を持っておりますので、ぜひ、やらまいか精神で合併後のいわば実験都市・浜松を仕上げていただきたいと期待しています。

まず、最初に広域合併をした新生浜松市が掲げた、都市形成への政策について述べさせていただきます。愛知県の自治体現場で、市町村合併の実務を担当したことの経験と重ねてみたいと思います。

クラスター型の政令指定都市づくり

明治二十二年の市制町村制施行に伴う町村合併以来、大正、昭和、平成という時代の流れの中で合併は繰り返されてきました。小規模市町村を合併することで自治体の再編を図り行財政の仕

明治・昭和・平成の市町村合併の推移

年　月	市	町	村	計	合併促進の関連法
明治21年	—	(77,314)		71,314	約300～500戸を標準規模
明治22年	39	(15,820)		15,859	市町村制施行
大正11年	91	1,242	10,982	12,315	
昭和20年10月	205	1,797	8,518	10,520	
22年8月	210	1,784	8,511	10,505	地方自治法施行
28年10月 昭和の大合併	286	1,966	7,616	9,868	町村合併促進法施行 町村は概ね8000人の規模
31年4月	495	1,870	2,303	4,668	新市町村建設促進法施行
31年9月	498	1,903	1,574	3,975	町村合併促進法失効
36年6月	556	1,935	981	3,472	新市町村建設促進法一部失効
37年10月	558	1,982	913	3,453	市の合併の特例に関する法律施行
40年4月	560	2,005	827	3,392	市町村の合併の特例に関する法律施行
50年4月	643	1,974	640	3,257	市町村の合併の特例に関する法律を一部改正する法律施行
60年4月	651	2,001	601	3,253	同上
平成7年4月	663	1,994	577	3,234	同上
11年4月	671	1,990	568	3,229	地方分権の推進を図るための関係法律の整備等に関する法律の一部一部施行
14年4月	675	1,981	562	3,218	地方自治法の一部を改正する法律
17年3月	732	1,423	366	2,521	市町村の合併の特例に関する法律失効
17年4月	739	1,317	339	2,395	市町村の合併の特例等に関する法律施行

組み、機能、提供する行政サービス等の構造を変えていくことが合併の大義として、時代の流れとして合併再編が行われてきたと思います。

市町村は規模にかかわらず基本的には法律、条例の法的規定に基づき事務事業（行政サービス）を提供しています。現在の地方自治制度では、自治体の行財政、サービス能力等の格付けは、人口規模により政令指定都市、中核市、一般市、町、村等に区分され三千二百余の市町村として存在し、いま合併によりこの数が減少しております。

浜松方式として、「クラスター」という考えが示されています。十二市町村をブドウの房になぞらえて、地域の特長と機能をベースとして大都市をつくるという構想であると理解しています。浜松市民が描いておられる政令都市とは、一体どのようなイメージでしょうか。旧浜松市との合併で市域は、愛知、長野県境まで拡大し、都市機能としての人口規模は七十九万人となりました。そして二年後には、政令指定都市という全国でも大規模な都市をめざす浜松市民がどのような新たな都市のイメージをお持ちなのか、今後、背後地にある天竜、竜山、水窪、佐久間といった中山間・山村をどのように考えていくのか、クラスターという新たな地域形成に関心をお持ちなのかなどをお聞きしたい。……このことは、すでに議論されてきたことかとは思いますが、旧浜松市民にとっては、吸収合併（編入合併）方式であり、市名が変わる訳ではありませんから、実感としては北遠、西遠地域を取り込んだだけの感じかもしれません。

農山漁村と都市が混在する中で新たな地方自治体を創って行く。そして、その根底にある考え方は、旧浜松市域を含めた十二の地域の位置、歴史、生活文化、個性、そこに住む人がブドウの房を形成するという高邁な理想と理念であると思います。背後地にある北遠、県境の町村を浜松市民がどのように理解しておられるかは分かりませんけれども、過疎で悩んだ地域が大都市の中に組み込まれても、今日まで背負ってきた条件不利地域の環境は即効的には解消されないかと思いますが、都市内の地域格差の拡大要因は多々あるかと思います。なぜ、背後地にこだわるかと申しますと、豊根村も隣接する佐久間町、水窪町同様に山村過疎地域であるからです。この地域を特別扱いするということではなく、同じ市民が住む地域の実態をきちんと見ることから新しいクラスター型の地域づくりを始めてほしいと願っています。

地域自治組織・都市内分権推進

ところで、皆さんは自分の立ち位置（生活の場）をどのように感じておられるのでしょうか。その場を一つの樽として表現してみましょう。

それぞれの自治体が、独自の知恵と地域資源と予算を持って地域づくり、まちづくりを進めている行政サービスを、樽にたとえて表してみます。

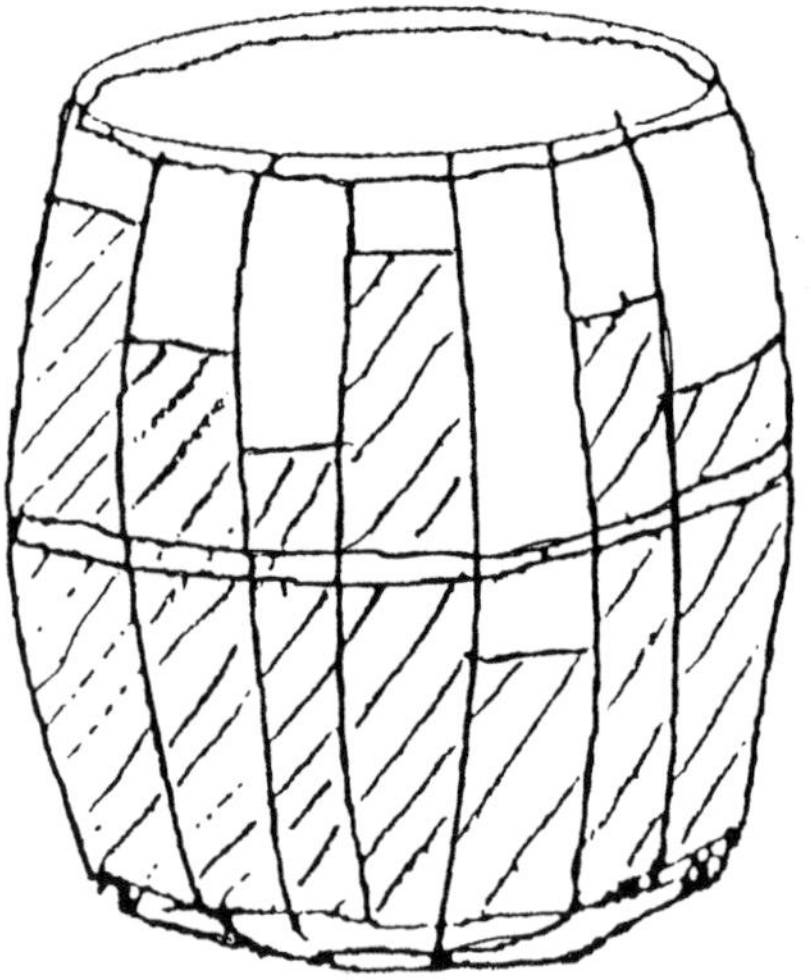

生活の場

横にある帯を行政サービスとして提供されている平均的な水準と考えます。この水準にあれば、生活に満足できるサービスが提供されているとの判断にもなります。縦板の部分が、医療・福祉、教育、道路網の整備、産業振興といった自治体の固有のサービスとなります。平均的な水準は、他の自治体との比較だけで決まるものではないと思いますが、都市地域と農山村の中山間地域とでは、行政運営の施策や手法には違いがあります。

樽の内側が自治体の具体的施策とすれば、縦板に生じている凸凹を地域の課題として、どのように埋め水準を引き上げるかを試みます。このことが、地域づくり・村づくり・まちづくりという地域施策としての具体的な行動でもあり、行政が主導的にまちづくりを進めていくことになります。しかしながら、市町村の仕組み、行財政構造が、破綻の危機を招いたことも町村合併への選択を加速させた要因かと思います。

目に見える形での地域づくりにより地域社会での生活基盤は豊かになったと思います。これに反して地域の自治という社会システムは必ずしも育っていなかったのではないか。たとえば、住民の身近な地域自治組織である、区、校区自治、あるいは、町内会自治、小さな単位での集落、組等は、形式的には地域自治組織といわれておりますが、主体的な自治活動組織でしょうか。むしろ行政の伝達下部組織的な役割が多くを占めていたのではないでしょうか。

このことを否定するものではありませんが、新生浜松市が掲げた「地域自治組織の創設」の背景には、合併により肥大化する役所行政機構、本庁に集中する権限を総合事務所や自治センターへ分けることでスリム化を図り、併せて地域自治組織を再生しようとする構想があります。国においても、行政事務事業を中央から地方へ分権させ、権限委譲を進めています。このように地方への分権の受け皿をつくるためにも体力のある大きな自治体が必要であり、合併を進める大義の一つとして説明されております。

行政機構はスリムでしかも、受け皿となる自治体は大規模で、その地域を支える市民自治を育てようとしています。合併という構造改革は、ただ単に行財政制度の改革だけでなくて、地域住民、地域社会の仕組みを問い直すことに繋がっています。考えてみてください。たとえば、些細なことですが、地域の抱えている課題解決や自分たちが共有している場の問題をすべからく行政に依存し、予算配分の分捕り合戦を繰り返しているケースがありませんでしょうか。当事者で解決できることでありながらも行政に責任転嫁をして、すべて公的資金で解決してきたことってありませんでしょうか。

綺麗ごとに聞こえるかも知れませんが、地域に住む人たちが自力で共同しながら地域をつくって行く力、その組織を育てて行く力が地域自治だと思います。いわば顔見知りの地域社会から、とてつもなく広がった都市社会へ様変わりする中で行政が担う機能は、より広くより浅くなるかと思います。それを補うのが、地域自治組織（地域コミュニティ）だと思います。皆さんの身近な地域で行政との協働がこれから始まると思いますが、目覚めた市民へと脱皮していただきたいと思います。

地域自治組織をつくると言いましても即効的にはできません。手間、暇をかけて築くものだと思います。三遠南信の都市部の中でもとくに浜松は、町内会活動、多様なＮＰＯによる地域づくり・まちづくり活動が活発であると聞いておりますが、すでに、北遠地域で展開されている「天竜くんまの地域づくり」の実績があります。自分たちの地域は、自分たちがつくること、これが自治の原点ではないでしょうか。やや、理念的になりましたが。

もう一つの関心事「一市多制度」

一市多制度は、全国の合併協議の中では、一段と引き立つ事業制度の設計です。先ほどから、背後地のことをしつこく言っているわけですが、この多制度の創設が、背後地への配慮であったかと思います。それは、新生浜松市が大都市づくりをめざすために、天竜市、水窪町、龍山村、引佐町、舞阪町等々の旧市町村の特色ある事業、制度、活動を多制度として残し、新市へ移行することで事業を継続するという浜松方式の地域振興手法です。この一市多制度が動き出しますと地域自治組織に連動するかと思われます。

住民自治、地域自治組織を醸成するための補完的な役割として、地域の固有の事業を多制度として創設しています。合併議論は、比較的かたちに見えないところの議論になっておりますが、この一市多制度の発想は、行政依存体質から行政を活用し（行政との協働）、自分たちの居住区域（まち、むら）をつくり維持して行く手段でもあると思っております。大きな合併であればこそ、身近な小さな単位での地域コミュニティの再生シナリオを描いたのではないでしょうか。ここに、新生浜松市の特異性があろうかと思います。それは、都市と農山漁村の混在に取り組んだ都市の知恵と力量だと思います。

合併を時代の転機として地域再生、都市再生を行うか、時流に流されるかは、住民一人ひとりの選択になろうかと思います。いずれにいたしましても、この一市多制度が、政令都市移行までの経過措置的な事業制度で終わらないことを願っています。

少し前おきが長くなりましたが、次に市町村合併、再編、改革が何であったのかを振り返り、その中から見えたもの、かすんでしまったものとは何であったのかを考えてみたいと思います。

県境を越えた隣の合併協議から

浜松市は、十二市町村の広域の合併を実現しましたが、隣接している愛知県の奥三河地域（新城市、南・北設楽郡）八市町村の合併協議の破綻を紹介します。

愛知県新城市を中心に八市町村での合併協議を重ねたのですが、破綻をしました。その後、新城市・鳳来町・作手村の三市町村では、対等合併で合意。北設楽郡の五町村で協議を進めたのですが、この時も破綻をしました。その後、津具村と設楽町での二町村間では、対等合併での合意が成立し、東栄町・豊根村・富山村による三町村の協議も合意が得られず破綻しました。東栄町は自立を選択し、日本で一番小さい合併だと言われていますが、豊根村が富山村を編入合併することで二〇〇五年十一月二十七日に新豊根村が成立しました。人口規模は千六百人です。

奥三河の市町村合併の実態は、「新城＋鳳来＋作手＝新城市」、「設楽町＋津具村＝設楽町」、「豊根村＋富山村＝豊根村」、「東栄町」となり、八市町村が四市町村に再編されました。これでも合併をやったという実証にはなります。地域の実態がどのように進展するかは、分かりませんが、過疎化に歯止めがかかるのかの期待は薄れている感があります。

今回十二市町村で新浜松市になりました。合併することによって龍山の過疎化、水窪町の集落の過疎化に歯止めをかけることができるのでしょうか。

奥三河の合併議論では、合併しても過疎は止まらないであろうとの議論が大半を占めておりました。地域の人からすれば、合併があろうがなかろうがそこに生活をする人たちは、地域から移動することはない訳ですから、合併により行政からの目（役場機能）が届かなくなることへの不安と不満が充満しています。中心が栄えて周辺（端）は衰退する。つまり、地域内の格差が拡大することになるということです。とくに中山間・過疎地域の地域づくりは、オール行政が主導するパターンで展開してきております。地域自治の官製版とでも言えましょうか。奥三河の失敗事例は、広域合併でなく手の届く範囲での狭域合併を選択したわけであります。合併に至らなかった根底には、昭和の合併の後遺症を引きずっている町村、まったく合併経験のない町村、他の行政機関・公的機関が集中していることに固執する町村、町村間の移動距離・劣悪な道路事情等、いわば許容範囲を超えた地の利の主張に終始したことであり、妥協点はなかったわけであります。浜松方式にみるような一市多制度、都市内分権、地域自治組織の創設といった地域ビジョンを掲げるまでに至らず、合併特例法の時限切れを控えての機械的な手続き処理としてなされてきました。町村の枠組みは再編されたものの、合併後の地域づくりの理念、行政手法はこれから示されてくるかと思います。

合併か広域連携か

小規模の自治体が、隣接市町村との連携で実施する行政事務・事業を広域行政といいます。自分のところで提供できない行政サービスを隣接の市町村に補完してもらうことです。たとえば、その形態は共同出資によるごみ処理施設の設置であったり、救急医療に対しての応分負担であったり、救急ドクターヘリの業務契約であったりします。当然のことながら市町村合併をすれば、これらは全てその市のサービスとして統合されることになります。

次に示しますのは、豊根村の救急医療を説明する図です。第一次医療というのは、村の診療所での医療処置であります。第二次の救急医療というものは、救急車による搬送ですが、豊根村の場合、救急業務は新城市消防署と業務契約をしており、救急隊員が常駐しています。救急が入り

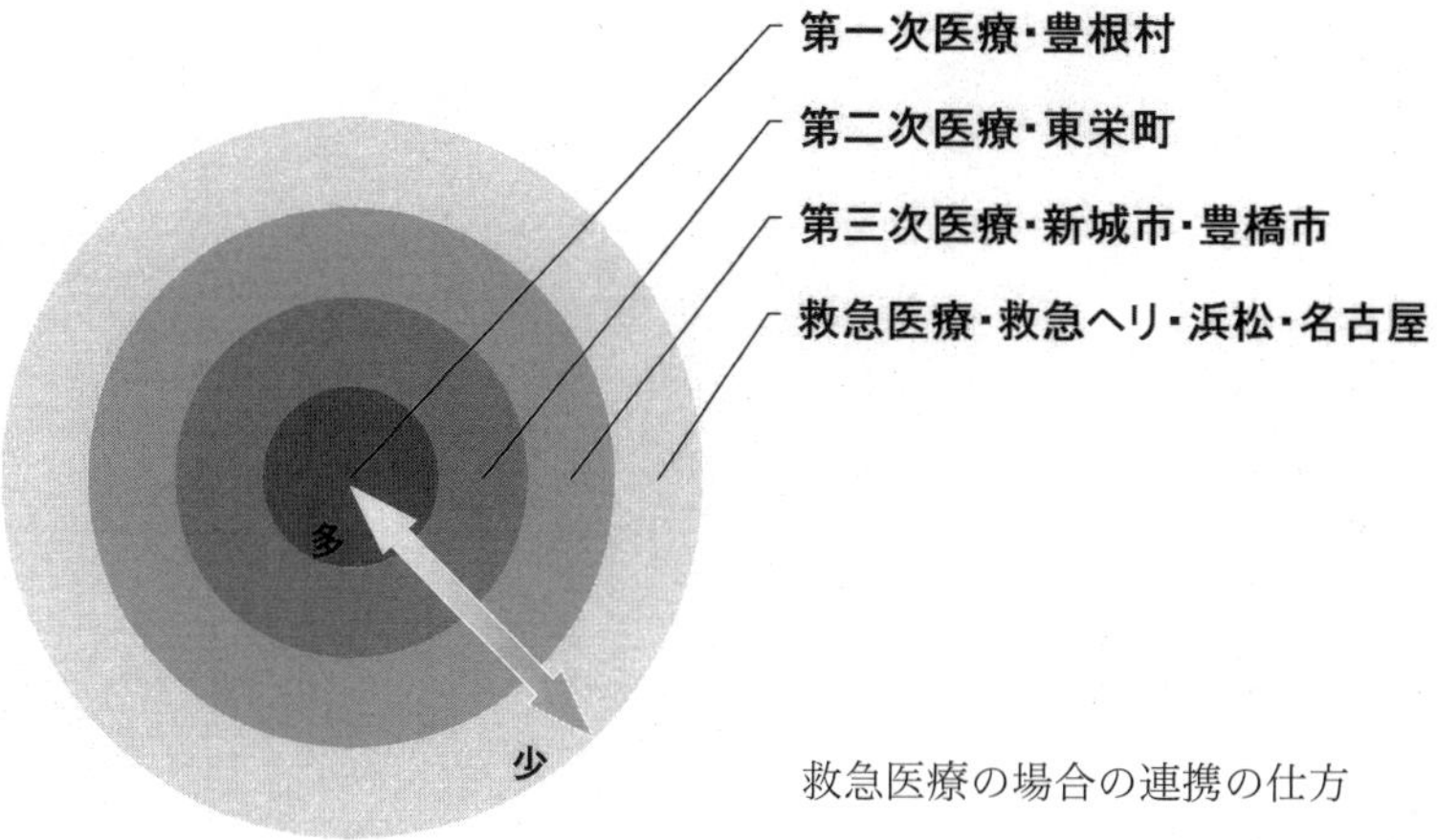

救急医療の場合の連携の仕方

ますと第一次として診療所に入りますが処置できない場合、第二次の東栄病院に転送となります。第三次医療というのは、かなり高度な医療処置が必要な場合で、このときは新城、豊橋まで転送することになります。最近では、救急ドクターヘリにより浜松の聖霊病院、名古屋の愛知医科大学病院へ飛ぶという二つ緊急搬送のルートが確保されております。このケースから考えますと、合併がない場合は、経費は個々の町村が負担することになりますが、合併をすればその市の税負担で救急業務サービスを行うことになります。自治体が大きくなることで業務費負担は軽減される。もちろんこういう単純図式ではないかもしれませんが、救急隊員、機材の再配置等が縮小されたとしたら、住民にとっての安心には繋がらないと思います。規模が大きくなることでのメリット、デメリットを見極めなければならないと思います。

　国は、平成の大合併の大義として、「地方分権の推進」、「少子高齢化の進展に対応する」、「広域的な行政サービスを確保する」、「国も地方も構造改革」、「昭和の大合併から五十年経過」を挙げ、三千二百の自治体から千をめざしての構造改革と再編を推進しています。

光と影

これは私見ですが、豊根村での自治体の現場体験からみた合併の光と影の部分です。規模の大小はあれ自治体としてのテリトリー（行政枠域）の中で、（樽の絵で説明したように）地域をつくり暮らしの水準をステップアップさせてきたとの自負もありますが、そのことで豊根村が個性ある地域となったのか、ユニークな地域づくりであったのかは分かりません。小さいものから大きなものへの収束過程を垣間見て感じたことは、中山間に人が住むこと、都市地域に人が住むこと、国土の均衡ある地域発展を主導してきた地域政策、地域計画はいったい何であったのか、虚しさと絶望感を覚えています。「あんたたちは、勝手に山に住んでいるのでしょう……不便を感じるならまち場に出てきたら……」任意合併協議の場で交わされたやり取りです。さて、皆さんはどのような会話をするのでしょうか。

本書の前半部分では岩崎さんが、「住民参加型のまちづくり」というお話をされています。まちをつくるとか地域をつくるってどういうことなのか、どこに目線を置くのかが出発点だと思います。

これは、町村合併協議で経験した地域懇談会での一場面であります。「本当に、このまちの人・村の人たちは、真剣に自分の地域のことを考えているのか。政治家、議員、役所と首長にお任せ。地域の将来議論は、所詮行政が書いた絵だと切り捨てる。国には逆らえないから合併は仕方ない」などの評論家的で傍観者的な意見が飛び交う様を経験してきました。地域の担い手・プレイヤーであることは、観念的には理解はするものの自らの負担を伴う実働となると別の論理が働きます。

まちづくり、村づくりは、お互いが公として共有することの場をつくるための「よりあい」でもあります。この小さな単位での行動が根底にあってこそ、地域の力（地域力・自治力）が出てきます。その力の源は、市民個人であろうかと思います。わが地域での合併議論で隠れてしまった影の部分でもあります。

三遠南信地域の中山間地域の取り組み

次に、三遠南信地域での自治体の取り組みを紹介させていただきます。三つの事例となります。新生浜松市の固有の事業は一市多制度として残存継続をされています。これから紹介する村は、合併を選択した村、自立を選択した村であり、小さな自治を育てている村です。

長野県浪合村

浪合村は、阿智村への編入合併を選択しました。人口規模で七千人ぐらいのまちになりました。

(浪合村のホームページ＝http://www.iidanet.or.jp/namiai/)

浪合村は人口七百六十人の小さな村です。なぜ合併を選択したのか、その理由は人口減と高齢化が進んできたという現実があることです。浪合方式といわれる観光開発手法は、町村レベルでは先行実績として評価を受けました。昭和四十年代に村と民間でお金を出し合って一つの会社を設立しています。第三セクター方式の先駆でもあります。治部坂高原のスキー場開発、別荘開発分譲を主力としたインパクトの強い地域開発を展開したと記憶しております。当時六百人の小さな村が、村を挙げて株式会社をつくり地域に還元する仕組みを作った点においては凄さを感じましたが、その後の観光事業の展開は、時流に乗れず観光開発という視点はトーンダウンしたと思います。

次なる仕掛けは、集落、農家の生活の知恵を活用した、日本のグリーンツーリズムの先駆けと言わしめた、トンキラ農園農事組合法人を農家の人たちが立ち上げたことです。農業生産の現場、農家の暮らし、農家の食を体験型の観光として売り出し地域への循環の仕組みを作りだしています。高齢化を逆手に取った地域の仕組み開発の手法です。

治部坂高原開発、トンキラ農園が、阿智村との合併にとって負の遺産なのかプラスの資産なのかは分かりませんが、合併されても地域は残りますから、、地域の人たちの知恵は生かされて行くのではないかと思います。位置的には、浪合があって阿智村がありその隣が飯田市ですので、実質的な生活圏は、飯田市のエリアにあり立地条件は都市近郊であると思います。

彼らが言っていることは、浪合村の行政区画が変わっても俺たちが仕掛けてきたトンキラ農園とか、治部坂開発の手法と知恵は、これは絶対残すということを言っていますので、合併後の地域づくり、村づくりの要になってほしいと願っています。

長野県泰阜《やすおか》村

次に泰阜村です。ここは合併でなく自律を宣言しています。人口は、二千百人です。泰阜村とお聞きになればいろんなことに思いをめぐらされると思いますが、田中知事が住民票を移すことで話題となった村でもあります。

自律は非合併であり、自分たちのことは自分たちで解決して行くのだと宣言しています。

泰阜村の特徴的なことは、役所・行政機構のスリム化、簡素化と、住民福祉の仕組みづくりにあります。併せて、村外とのネットワークを編み出しております。その一例が、ふるさとおもいやり基金です。外から基金を集めてそれを村づくりに使う。皆さんからみれば、不可解かもしれませんが、それは泰阜の動きに賛同できる人、志のある人に限定されています。

泰阜村立学校美術館は、全国に例がないと思いますが、村立学校で美術館を持っているわけです。これは、たとえ人口が減ろうが子供たちの数が減ろうが美術教育、感性教育を大事にして繋いで行くことのあらわれです。

ではこのことが合併とどう関係があるのかということになりますが、じつは、これが地域の個性であると思います。浜松市は、地域の個性を重視して合併要件として、一市多制度を創設しま

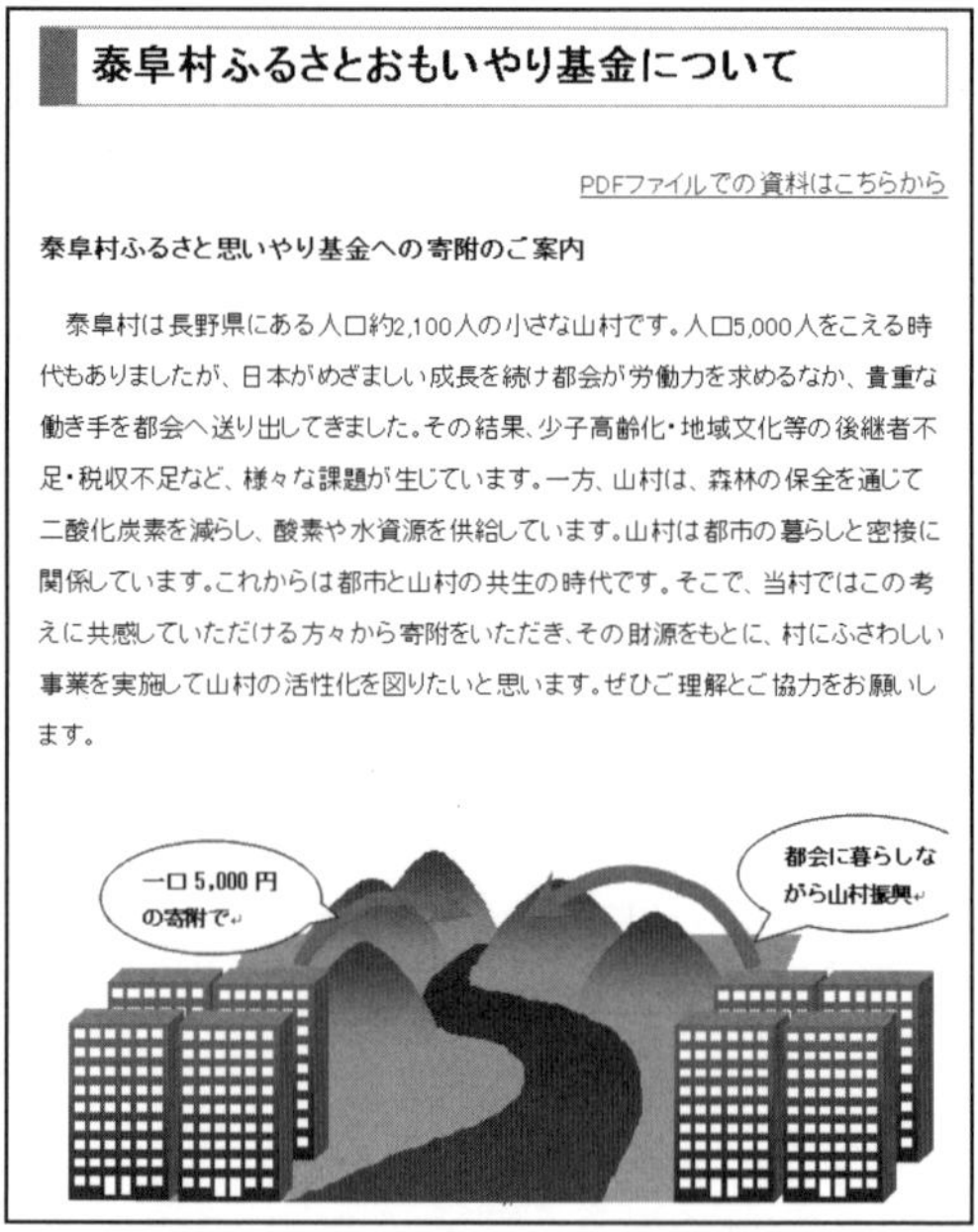

泰阜村ふるさとおもいやり基金について

PDFファイルでの資料はこちらから

泰阜村ふるさと思いやり基金への寄附のご案内

泰阜村は長野県にある人口約2,100人の小さな山村です。人口5,000人をこえる時代もありましたが、日本がめざましい成長を続け都会が労働力を求めるなか、貴重な働き手を都会へ送り出してきました。その結果、少子高齢化・地域文化等の後継者不足・税収不足など、様々な課題が生じています。一方、山村は、森林の保全を通じて二酸化炭素を減らし、酸素や水資源を供給しています。山村は都市の暮らしと密接に関係しています。これからは都市と山村の共生の時代です。そこで、当村ではこの考えに共感していただける方々から寄附をいただき、その財源をもとに、村にふさわしい事業を実施して山村の活性化を図りたいと思います。ぜひご理解とご協力をお願いします。

一口5,000円の寄附で
都会に暮らしながら山村振興

泰阜村ホームページより引用
(http://www.vill.yasuoka.nagano.jp/)

「偲」 倉沢興世

開館時間	午前9時～午後5時
休館日	12月29日から翌年1月3日・学校が休業の日 (土曜・日曜・祝日は電話にて予約)
入館料	無料
お問い合わせ	〒399-1801 長野県下伊那郡泰阜村 泰阜村教育委員会 0260-26-2750 泰阜北小学校 地図 0260-26-2052

(http://www.mis.janis.or.jp/~yks/bijyutsu/)

した。泰阜が、合併したとしても村立美術館の形は多分残るんでしょうが、学校教育、地域教育の仕組みとして、子供たちや次の世代を育てる地域の教育文化が、合併することで様変わりをするであろうし文化が消えることになる。たかが美術館じゃないか、だけど美術館にこだわりながら自分たちの地域の独自性を出している訳です。なぜならば、泰阜の地に生活の場があるからと村長は軽やかに語っています。

もう一つ紹介したいのは、高齢者の福祉医療、在宅福祉です。誰もが老いて死を迎える、この現実は泰阜村だけではないのですが、高齢化が進むなか泰阜方式として注目されています。住民が抱く不安は、福祉、医療が高い。泰阜村診療所のお医者さんで、聴診器と楽器を持って患者さんを訪問するということをやってきた方がおります。今は、交代されましたが、お年寄りにお薬を与えてもそれは単なる一時的な症状を抑えるだけであって、本当にその人が楽しく最後までおくれるかというと非常に疑問だと、問いを投げかけて医療と介護福祉をきちんとやろうということを主張されました。

その方は、聴診器と楽器を持ち、おばあさんの手を握りながら一緒に歌をうたいながら、おばあさん笑ってね、笑ってねと問いかけ、そのことを通して畳の上で死んで行けるその幸せを問いかけたと聞いております。泰阜村が自律にこだわったのは、人の最後を在宅で看取るという村の仕組みが壊れて無くなる事を危惧した一面があったとも思います。それは非常に些細なことかもしれませんが、顔が見える地域共同社会の絆でもあり、支え合いであり、よりあいに支えられていることを確信しているのではないかと思います。小さいことのメリットでもあります。

愛知県豊根村

次に豊根村の例です。

愛知県奥三河地域で三回にわたり合併協議の破綻を招いたのは、豊根と富山であるとの烙印を押されております。最初に合併ありきの議論ではなく、いかに行政機構をスリム化できるか、事務事業を見直し広域連携で補完することを提案をしてきたのですが、国、県からの助言（それなりの指導）、水面下では隣接町村との不協和音が蔓延したこと、財政的には隣接市町村の中では比較的優位にあったこと、地域づくりでのノウハウ、仕組み、制度については独自なものを有していたこと、構造改革という他力による市町村合併に疑問を持っていたこと、あわせて行政主導で進めてきた地域づくりの後遺症でもあるが、地域の自治組織が育っていないことからも広域合併をすることで集落、地域の崩壊を招くことの懸念もありました。したがって、合併は、今期の合併特例法の期限内でなくても可能であるとのスタンスでもあった。しかしながら、千四百人（豊根）、二百人（富山）の規模の町村を自治体といえるかとの批判には重いものを感じています。

つづいて、村づくりの仕掛けを説明しましょう。

茶臼山高原スキー場

これは第三セクター（公設民営）方式で開発しました。公が建て民間が経営をするというこういうやり方です。合併することによって民間に移管されることを良しとするかどうかであり、財産処分が先行し、固有の共有事業としての継続は論外との向きもありました。

豊根方式

豊根村は、中学校の全寮制を実施しています。都市部との交流事業として子供たちの山村生活体験を受け入れ、二十数年の実績を持っています。若者とりわけ大学生を地域づくりインターン生として受け入れる事業、間伐材を活用したつみきハウス、木材エネルギーとしてのペレット燃料加工、移住希望者への期限付きのお試し住宅の提供等些細ではありますが、独自のノウハウを蓄積してきました。しかしながら、任意合併協議での段階ではありましたが、地域固有であるといわれる事業は、見直し（廃止、縮小、一時休止）としてあがっておりました。このことがすべからく合併反対とはならないものの、離脱へ傾いた要因でもあります。八市町村から出発した合併協議も最小規模の二村合併でとりあえず着地をするものの、今後は自治体間競争が生じると思います。

三つの壁

現場で、町村合併協議の実務に携わったものとして総括してみたいと思います。

事例で挙げました、浪合、泰阜、豊根は、紛れもなく小規模町村です。小規模で存在することはなぜ悪いのか。この問いかけは、泰阜村の松島村長がしています。合併議論で見えてきたことをあえて壁としてあらわします。

①地域がおかれている物理的、地理的な壁

端的にいいまして、中山間、山村地域の地形等の地理的な立地条件です。

このことの議論が、道路であり移動時間として関わります。道路の幅に合う車を買うとのたとえがありますように、地形、地勢は何ともしがたい不変の現実があります。別な見方をしますと、このことも地域資源であり地域づくりの手法として転化が可能となります。

②行政と民間の地域づくり支援の制度的な壁

行政のテリトリーは、いわば独立国としてそれぞれのハードルを高めてきたと思います。地域づくりの手法も政策展開も異質です。町村を超えて異分子である地域づくりのノウハウを束ねることの難しさは、豊根が主張したように地域づくりの手法を共有する素地が育っていないことにもあります。行政の縄張りでしょうか。この歩み寄りが合併かもしれませんが、合併協議では具体的に各市町村が持っておりました事務事業のすり合わせを行います。樽の絵を紹介しましたが、縦板を事業水準とすれば、どこの市町村の基準に合わせるかの調整処理を行います。当然のことながら編入合併の場合、対等合併の場合でも基準は、市レベルに合わすことになります。他の自治体との比較競争で地域づくりをしてきたわけではなくて、地域の人のための村づくりに他なりません。ですからすり合わせが難しいのです。

③地域に住む人の意識の壁

かつて豊根は、この奥に人が住むのかと揶揄されたことがあります。山村に暮らすことが不幸だと思えば、まち場で住むことを選択すればよい、なければ無いでつくればいい、過疎だといって同情されても何も始まらない。

いささか開き直りの感がありますが、昭和四十年代の村づくりの意識でもありました。このことを今日まで持続しているかどうかは、自信のない点でもありますが、地域への帰属意識は高いのではないかと思います。

皆さんに背後地への理解を強調させていただきましたが、立ち位置を変えますと豊根からは浜松、豊橋は逆さ背後地になるわけです。人の行動圏域は拡大されているものの、地域への帰属意識は、立ち位置で狭くもなり壁を作っていることにも気づいた次第です。

新たなまちづくりへ

「ム月、、ヒヒ、、」これどういう意味か分りますでしょうか。

旧天竜市熊の文字を解体したものです。現在、「特定非営利活動法人・夢未来くんま」が設立されています。一つの地域自治組織を担っていると思います。自治と言うのは、何もかも役所がやることが自治ではありません。自分たちの地域、自分たちの足元のことを何とか良くしたいと考えること、行動することが自治を作っていくことになります。身近なところに先駆的なお手本があります。私たちはぜひ、振り返ってみるべきだと思います。

そのことは、「生活の場を支える新たな協働（よりあう、お互いさま、支えあう）の仕組み」であり、「地域内の経済的な循環をさせる中間支援組織としてのＮＰＯ法人の存在」であり、「行政と地域住民の関係づくり」が、くんま地域で展開されています。旧佐久間町にも「特定非営利活動法人・がんばらまいか佐久間」が、二〇〇五年七月に設立されました。

大きな森になることは、良いことかもしれませんが、その森には小さな木もあります。小さな木である自分たちの地域を育てること、小さな自治を育てることを皆さんの生き様に重ねていただければと存じます。

■著者紹介

岩崎　正弥（いわさき　まさや）
1961年　静岡県生まれ
1995年　京都大学大学院博士課程修了（農学博士）
1996年　愛知大学経済学部専任講師
現在、愛知大学助教授　三遠南信地域連携センター事業責任者
【主な著作】『農本思想の社会史』（京都大学学術出版会、1997）；『中山間地域におけるソーシャル・キャピタル（地域力）調査報告書』（中産研、2005）ほか
【社会活動】安城市史現代部会編集委員、豊橋市中心市街地活性化アドバイザーなど

黍嶋　久好（きびしま　ひさよし）
1947年　愛知県生まれ
1971年　愛知大学大学院経済学研究科修士課程修了
1973年　愛知県豊根村役場
愛知大学経済学部非常勤講師を経て、2005年より三遠南信地域連携センター事業責任者
【主な著作】「三遠南信学の可能性・自治体連携」（中産研、2003）；「平成の合併、小規模自治体再編断片をみて」（中産研、2004）ほか
【社会活動】国土交通省地域振興アドバイザー、国土交通省地域づくりインターン企画運営委員など

三遠南信地域連携ブックレット 1

小さな自治を育てる

2006年3月31日　第1刷発行

著者＝岩崎正弥　黍嶋久好 ©
編集＝愛知大学三遠南信地域連携センター
〒441-8522 豊橋市町畑町1-1　Tel. 0532-47-4157
発行＝株式会社 あるむ
〒460-0012 名古屋市中区千代田3-1-12　第三記念橋ビル
Tel. 052-332-0861　Fax. 052-332-0862
http://www.arm-p.co.jp　E-mail: arm@a.email.ne.jp
印刷＝東邦印刷工業所

ISBN4-901095-70-6　C0336

三遠南信地域連携ブックレットの刊行によせて

一九四六年に創立された愛知大学は、設立趣意書の中で「大都市ヘノ偏重集積ヲ排シ地方分散コソ望マン」と謳っている。今日、二十一世紀の大学のあり方として、地域社会との連携の推進が各方面から提起されているが、愛知大学は、このような動きのはるか以前の設立当初から地域文化・社会への貢献を旨としてきたのであり、それはまさしく先見の明と言えるであろう。

三遠南信地域連携センターは、こうした伝統を基礎に、三遠南信（三河、遠州、南信州）地域を中心にさらに主体的な地域社会貢献を果たし、「新しい公共」の一角を担うことを目的として二〇〇四年に設立され、翌年には文部科学省の私立大学学術研究高度化推進事業（社会連携）に採択された。地域づくりデータベース・情報システムの整備、地域づくり学生サポーター制度等による人づくりなどその事業は多岐に及んでいるが、「知の共同体」として留意しなければならないのは、研究の成果に基づいた具体的な地域社会貢献であろう。

三遠南信地域連携ブックレットの刊行は、このような認識の下、地域を想い地域を創る人々と大学とのきずなを深めることを目的としている。地域づくりにとってなくてはならない読み物として、多くの人々に共有されていくことを切望してやまない。